W0289557

Marie-Laure Tombini

APÉROS
DÎNATOIRES

MANGO

SOMMAIRE

Les boissons

Verrines

Feuilletés & biscuits secs

Bouchées

Tartines et tartinades

Dips

Bloody Mary

Pour 4 personnes
Préparation : 5 min

16 cl de vodka
8 cuillerées à soupe de jus de citron
48 cl de jus de tomate
4 cuillerées à café de sauce Worcestershire
sel
poivre de Cayenne
1 branche de céleri pour la déco

1. Dans un shaker, incorporez la vodka, le jus de citron, le jus de tomate et la sauce Worcestershire.
2. Servez dans des verres hauts.
3. Ajoutez du sel et du poivre.
4. Décorez avec la branche de céleri et dégustez aussitôt.

Mon conseil : vous pouvez remplacer le poivre de Cayenne par du poivre du moulin. Mais le poivre de Cayenne est plus goûteux.
Pour un cocktail plus rafraîchissant, ajoutez des glaçons.

Caïpirinha

Pour 4 personnes
Préparation : 5 min

2 citrons vert
20 glaçons
4 cl de sirop de canne
24 cl de cachaça

1. Découpez les citrons en 4 morceaux chacun. Ôtez les pépins et le filet blanc du milieu en raison de son acidité.
2. Dans 4 verres à cocktail, écrasez les morceaux de citron de façon à extraire les essences de l'écorce.
3. Pilez les glaçons et déposez la glace pilée dans les verres.
4. Arrosez de sirop de canne et de cachaça. Servez aussitôt.

Astuce : si vous n'avez pas de mixeur, mettez les glaçons dans un linge propre et tapez dessus avec un rouleau à pâtisserie afin de les piler.

Cocktail litchi-cosmo

Pour 4 personnes
Préparation : 5 min

16 cl de vodka
2 cl de liqueur de litchi ou Soho®
8 cl de jus de cranberries
4 zestes de citron vert

1. Dans un shaker, mélangez la vodka et la liqueur de litchi.
2. Dans 4 verres à Martini®, versez le jus de cranberries. Ajoutez les alcools frappés au shaker.
3. Servez avec un zeste de citron vert.

Daïquiri banane

Pour 4 personnes
Préparation : 5 min

2 bananes
8 cl de sirop de sucre de canne
le jus de 2 citrons vert
40 cl de rhum blanc
glace pilée

1. Pelez les bananes et coupez-les en rondelles. Réservez-en 4 pour la déco.
2. Mixez l'ensemble des ingrédients et servez avec de la glace pilée.
3. Versez le mélange dans 4 verres à Martini® et décorez d'une rondelle de banane sur le bord du verre.
4. Servez et dégustez aussitôt.

Limoncello maison

Pour 1 bouteille de 1 litre
Préparation : 10 min
Cuisson : 5 min
Macération : 2 à 6 mois

3 citrons bio
50 cl d'alcool à 90°
50 cl d'eau
350 g de sucre semoule

1. Prélevez les zestes des citrons en ôtant bien toute la partie blanche en raison de son goût amer. Dans un bocal hermétique, faites macérer les zestes dans l'alcool à 90° pendant 2 à 6 mois.
2. Le temps de macération écoulé, faites chauffer l'eau et le sucre dans une casserole pendant 5 minutes, jusqu'à l'obtention d'un sirop de sucre. Laissez-le refroidir à température ambiante.
3. Filtrez l'alcool pour ôter tous les morceaux de zestes et mélangez le sirop avec l'alcool.
4. Mettez la liqueur obtenue dans une bouteille hermétique et placez-la au réfrigérateur en attendant de servir très frais.

Variante : limoncello à l'orange : remplacez les zestes de citron par des zestes d'oranges bio !

Mon conseil : vous pouvez conserver ce digestif pendant un an dans une bouteille hermétique, à température ambiante et à l'abri de la lumière. Pour le dégustez, n'oubliez pas de le placer au moins 1 heure au frais au préalable.

Sex on the beach

Pour 4 personnes
Préparation : 5 min

24 cl de jus d'ananas
24 cl de jus de cranberry
8 cl de vodka
8 cl de liqueur de melon
8 cl de liqueur de Chambord
4 tranches d'ananas pour la déco

1. Dans 4 verres à cocktail, versez les jus d'ananas et de cranberry.
2. Ajoutez la vodka, la liqueur de melon et la liqueur de Chambord.
3. Décorez les verres avec une tranche d'ananas.
4. Servez et dégustez aussitôt.

Mon conseil : vous pouvez remplacer le jus d'ananas par du jus d'orange et la liqueur de melon par du schnaps à la pêche.

Tequila sunrise

Pour 4 personnes
Préparation : 5 min

20 cl de tequila
50 cl de jus d'orange
8 cl de sirop de grenadine
4 rondelles d'orange pour la déco

1. Dans un shaker, mélangez la tequila et le jus d'orange.
2. Versez le mélange dans 4 verres à cocktail.
3. Versez doucement le sirop de grenadine pour que celui-ci tombe au fond du verre. Ne mélangez surtout pas pour garder le dégradé.
4. Décorez éventuellement les verres d'une rondelle d'orange.
5. Servez et dégustez aussitôt.

Astuce : donnez un petit coup de cuillère sur les verres pour affiner le dégradé si nécessaire.
Pour un cocktail plus rafraîchissant, ajoutez des glaçons.

Sangria

Pour faire la fête avec
au moins 30 personnes
Préparation : 30 min
Macération : 8 h

10 litres de vin rouge
1 bouteille de
Cointreau®
2 litres de limonade
3 gousses de vanille
4 cuillerées à café
de cannelle
500 g de sucre semoule
2 kg de pêches
1,5 kg d'oranges
non traitées
750 g de citrons
non traités

1. Mélangez le vin avec le Cointreau® et la limonade.
2. Ajoutez les gousses de vanille fendues en deux dans la longueur, la cannelle et le sucre.
3. Coupez les fruits en quartiers ou en rondelles et ajoutez-les au cocktail. Laissez mariner 8 heures au réfrigérateur.
4. Ôtez les gousses de vanille et servez bien frais.

Une délicieuse recette
de mon père Marc Tombini

Cocktail Malibu® coco

Pour 4 personnes
Préparation : 5 min

50 cl de jus d'orange
18 cl de Malibu® coco
4 cuillerées à soupe
de sirop de fraise

1. Dans une carafe, mélangez le jus d'orange avec le Malibu® coco. Réservez au frais.
2. Au moment de servir, versez le cocktail dans 4 verres.
3. Ajoutez 1 cuillerée à soupe de sirop par verre, sans mélanger : celui-ci va se déposer au fond du verre. Servez bien frais.

Variante : n'hésitez pas à associer d'autres sirops et jus de fruits selon vos goûts, un sirop de coquelicot avec un jus d'ananas, par exemple.

Champagne aux framboises

Pour 4 personnes
Préparation : 5 min

75 g de framboises
4 cl de Cointreau®
1 bouteille
de champagne frais

1. Réservez quelques framboises et mixez les autres avec le Cointreau®. Répartissez le mélange dans 4 coupes à champagne.
2. Remplissez les coupes.
3. Décorez de framboises et servez aussitôt.

Variante : vous pouvez remplacer la purée de framboises par de la liqueur de framboise.

Mon conseil : si vous possédez un tamis assez fin, il est préférable d'enlever les pépins des framboises.

Jus de légumes frais

Pour 4 à 6 personnes
Préparation : 5 min
Réfrigération : 1 h

Jus de tomate
4 tomates
1 cuillerée à soupe de sauce soja
5 gouttes de Tabasco®

Jus de concombre
1 concombre
10 cornichons
10 feuilles de menthe
sel, poivre

Jus de tomate :

1. Lavez les tomates. Mixez-les finement à l'aide d'un blender avec la sauce soja et le Tabasco®.

2. Réservez au moins 1 heure au frais.

Jus de concombre :

1. Lavez le concombre. Coupez-le en deux dans la longueur et ôtez les pépins. Mixez finement l'ensemble des ingrédients. Salez, poivrez.

2. Réservez au moins 1 heure au frais.

Mon conseil : pour un cocktail d'été, placez les verres quelques minutes au congélateur afin d'obtenir un effet givré.

Limonade maison à la rhubarbe

Pour 4 grands verres
Préparation : 15 min
Cuisson : 15 min
Repos : 1 h

360 g de rhubarbe fraîche
100 g de sucre semoule
24 cl d'eau
100 cl d'eau gazeuse bien fraîche

1. Pelez les tiges de rhubarbe et coupez-les en petits tronçons. Dans une casserole, mélangez-les avec le sucre et l'eau, puis faites compoter 15 minutes à petits bouillons.
2. Mixez le mélange et passez-le au chinois pour récupérer le jus. Laissez refroidir le sirop à température ambiante.
3. Servez le sirop de rhubarbe dans 4 grands verres et complétez avec l'eau gazeuse bien fraîche.
4. Servez sans attendre !

Un cocktail inspiré d'une recette de Nathalie : http://www.cuisinertoutsimplement.com

Smoothie framboises, rose et litchi

Pour 4 personnes
Préparation : 10 min
Sans cuisson

200 g de framboises fraîches
25 cl de boisson au litchi
1 cuillerée à soupe d'eau de rose

1. Mixez finement les framboises avec la boisson au litchi et l'eau de rose.
2. Réservez au frais jusqu'au moment de servir.

Mon conseil : vous pouvez remplacer la boisson au litchi par 400 g de litchis frais, épluchés et dénoyautés. Ajoutez alors 10 cl d'eau pour diluer la préparation.
Vous trouverez la boisson au litchi au rayon asiatique de votre supermarché.

Smoothie orange-carotte

Pour 4 personnes
Préparation : 10 min
Sans cuisson

1 orange
100 g de chair de melon
10 cl de jus de carotte
15 cl de jus de pomme

1. Prélevez le jus de l'orange à l'aide d'un presse-agrumes.
2. Mixez finement la chair de melon avec le jus de carotte et le jus de pomme.
3. Réservez au frais jusqu'au moment de servir.

Mon conseil : si vous remplacez le melon par de la mangue vous obtiendrez un smoothie bien velouté.

Smoothie abricot-amande

Pour 4 personnes
Préparation : 10 min
Sans cuisson

400 g d'abricots
30 cl de lait d'amandes

1. Lavez et dénoyautez les abricots.
2. Mixez-les finement avec le lait d'amandes et 10 cl d'eau.
3. Réservez au frais jusqu'au moment de servir.

Astuce : le lait d'amandes s'achète dans les magasins bio. Pour le réaliser vous-même, portez à ébullition 35 cl d'eau avec 150 g d'amandes émondées et 40 g de sucre. Mixez finement la préparation et filtrez-la.

Smoothie banane-chocolat

Pour 4 personnes
Préparation : 5 min
Sans cuisson

3 bananes
60 cl de lait de soja
ou de vache
3 cuillerées à soupe
de chocolat en poudre

1. Pelez les bananes et coupez-les en morceaux.
2. Mixez-les finement avec le lait et le chocolat.
3. Réservez au frais jusqu'au moment de servir.

Mon conseil : servez ce smoothie pour le goûter avec une salade de fruits frais.

Smoothie cerise-vanille

Pour 4 personnes
Préparation : 15 min
Sans cuisson

400 g de cerises
1 yaourt de soja
à la vanille
1 cuillerée à café
de gingembre frais râpé

1. Lavez, équeutez et dénoyautez les cerises.
2. Mixez-les finement avec le yaourt, le gingembre et 15 cl d'eau.
3. Réservez au frais jusqu'au moment de servir.

Mon conseil : vous pouvez remplacer le yaourt de soja par un yaourt au lait de vache.

Smoothie fraise-banane

Pour 4 personnes
Préparation : 10 min
Sans cuisson

250 g de fraises
1 banane
1 yaourt au citron

1. Lavez et équeutez les fraises. Pelez la banane et coupez-la en morceaux.
2. Mixez finement les fruits avec le yaourt et 10 cl d'eau.
3. Réservez au frais jusqu'au moment de servir.

Mon conseil : servez ce smoothie onctueux avec un gâteau ou des cookies au chocolat.

Smoothie ananas, passion et coco

Pour 4 personnes
Préparation : 10 min
Sans cuisson

150 g de chair de mangue
20 cl de jus d'ananas
25 cl de jus de fruit de la passion
30 g de noix de coco râpée

1. Mixez finement la chair de mangue avec le jus d'ananas, le jus de fruit de la passion et la noix de coco rapée.
2. Réservez au frais jusqu'au moment de servir.

Mon conseil : servez ce smoothie pour accompagner un blanc-manger à la noix de coco ou un gâteau renversé à l'ananas.

Smoothie mangue-agrumes

Pour 4 personnes
Préparation : 10 min
Sans cuisson

1 pamplemousse
2 clémentines
1 mangue
2 cuillerées à soupe d'eau de fleur d'oranger

1. À l'aide d'un presse-agrumes, prélevez le jus du pamplemousse et des clémentines.
2. Recueillez la chair de la mangue.
3. Mixez finement tous les ingrédients ensemble.
4. Réservez au frais jusqu'au moment de servir.

Mon conseil : ce smoothie aux saveurs d'Orient sera délicieux avec des petits biscuits à la cannelle ou des cornes de gazelle.

Smoothie pomme-poire épicé

Pour 4 personnes
Préparation : 10 min
Sans cuisson

2 poires bien mûres
15 cl de jus de pomme
½ cuillerée à café de mélange quatre-épices

1. Pelez et épépinez les poires. Coupez-les en morceaux.
2. Mixez-les finement avec le jus de pomme, les épices et 10 cl d'eau.
3. Réservez au frais jusqu'au moment de servir.

Mon conseil : accompagnez ce smoothie de tranches de quatre-quarts à la vanille.

Smoothie pastèque, melon et pamplemousse

Pour 4 personnes
Préparation : 10 min
Sans cuisson

1 pamplemousse
300 g de chair de pastèque
200 g de chair de melon

1. Prélevez le jus du pamplemousse à l'aide d'un presse-agrumes.
2. Mixez finement la pastèque et le melon avec le jus de pamplemousse.
3. Réservez au frais jusqu'au moment de servir.

Mon conseil : ce smoothie sera délicieux avec des amarettis, petits biscuits aux amandes.

Smoothie fraise-framboise au basilic

Pour 4 personnes
Préparation : 10 min
Sans cuisson

400 g de fraises
6 belles feuilles de basilic
100 g de framboises

1. Lavez et équeutez les fraises. Coupez-les en morceaux.
2. Concassez grossièrement les feuilles de basilic.
3. Mixez finement les fruits et le basilic avec 15 cl d'eau.
4. Réservez au frais jusqu'au moment de servir.

Mon conseil : vous pouvez remplacer le basilic par de la menthe et ajouter un filet de citron.

Smoothie petits pois-wasabi

Pour 4 personnes
Préparation : 5 min
Cuisson : 10 min

200 g de petits pois écossés
½ cube de bouillon de volaille
1 cuillerée à café de wasabi

1. Faites cuire les petits pois 10 minutes dans une casserole d'eau bouillante avec le cube de bouillon.
2. Égouttez-les en gardant l'eau de cuisson.
3. Mixez finement les petits pois avec le wasabi. Ajoutez de l'eau de cuisson pour obtenir la consistance désirée.

Mon conseil : servi frais dans des verrines, ce smoothie accompagnera de façon originale un rôti ou un gigot d'agneau.

Verrines tapenade, fromage frais et roquette

Pour 4 personnes
Préparation : 5 min
Sans cuisson

4 cuillerées à soupe de tapenade
80 g de chèvre frais
50 g de roquette
1 cuillerée à soupe d'huile
1 cuillerée à soupe de vinaigre
sel, poivre

1. Dans chaque verrine, déposez 1 cuillerée à soupe de tapenade.
2. Allongez le fromage de chèvre avec 5 cl d'eau ; salez, poivrez. Recouvrez la tapenade d'1 belle cuillerée à soupe de fromage.
3. Mélangez la roquette avec l'huile, le vinaigre et 1 cuillerée à soupe d'eau. Répartissez-la dans les verrines. Salez, poivrez.

Verrines melon, pignons et jambon cru

Pour 4 personnes
Préparation : 10 min
Sans cuisson

1 petit melon
1 cuillerée à soupe d'huile d'olive
2 cuillerées à soupe de pignons de pin
2 tranches de jambon cru
sel, poivre

1. Coupez le melon en deux et prélevez la chair. Mixez-la finement avec l'huile et 5 cl d'eau. Salez, poivrez.
2. Répartissez le velouté de melon dans 4 verrines.
3. Parsemez de pignons grillés à sec.
4. Émincez le jambon cru en lamelles et déposez-les sur les verrines.

Verrines betterave, St Môret® et pavot

Pour 4 personnes
Préparation : 10 min
Sans cuisson

1 betterave cuite
de taille moyenne
5 cl de crème liquide
1 cuillerée à soupe
de vinaigre balsamique
60 g de St Môret®
graines de pavot
sel, poivre

1. Épluchez la betterave et coupez-la grossièrement en morceaux. Mixez-la avec la crème liquide, le vinaigre et 5 cl d'eau. Salez, poivrez.
2. Travaillez le St Môret® à la fourchette pour obtenir une préparation onctueuse.
3. Répartissez le velouté de betteraves dans 4 verrines.
4. Recouvrez d'1 cuillerée à soupe de St Môret® et saupoudrez de graines de pavot.

Verrines ratatouille, chèvre et crackers

Pour 4 personnes
Préparation : 10 min
Sans cuisson

250 g de ratatouille
70 g de chèvre frais
½ cuillerée à café de paprika
8 crackers
sel, poivre

1. Répartissez la ratatouille dans 4 verrines.
2. Allongez le fromage de chèvre avec 5 cl d'eau froide. Salez, poivrez et saupoudrez de paprika.
3. Recouvrez de chèvre frais la ratatouille.
4. Émiettez les crackers et parsemez-les sur le dessus de chaque verrine.

Verrines boudin noir, compote et pomme vitelotte

Pour 4 personnes
Préparation : 20 min
Cuisson : 30 min

2 boudins noirs (250 g environ)
350 g de pommes de terre vitelottes
3 cuillerées à soupe de crème liquide
300 g de compote de pommes
sel, poivre

1. Dans une poêle bien chaude, faites cuire les boudins noirs de chaque côté à feu moyen. Salez, poivrez. Enlevez la peau et mixez-les.

2. Pelez les pommes de terre et faites-les cuire 20 minutes dans une casserole d'eau bouillante salée. Écrasez-les avec une fourchette et incorporez la crème liquide. Ajoutez un peu d'eau, si nécessaire, afin d'obtenir une purée assez lisse.

3. Répartissez le boudin noir dans 4 verrines. Ajoutez une couche de purée puis une couche de compote de pommes.

Verrines surimi, coriandre et petits pois

Pour 4 personnes
Préparation : 5 min
Cuisson : 10 min

250 g de petits pois écossés
100 g de fromage blanc
2 cuillerées à soupe de coriandre fraîche ciselée
150 g de surimi râpé
sel, poivre

1. Faites cuire les petits pois 10 minutes dans une casserole d'eau bouillante salée. Passez-les sous l'eau froide et égouttez-les. Mixez-les finement en ajoutant un peu de bouillon de cuisson pour obtenir une consistance veloutée.
2. Mélangez le fromage blanc avec la coriandre. Salez, poivrez.
3. Répartissez le velouté de petits pois dans 4 verrines.
4. Recouvrez de fromage blanc et parsemez de surimi râpé.

Verrines avocat, saumon et citron

Pour 4 personnes
Préparation : 10 min
Sans cuisson

200 g de saumon fumé
2 cuillerées à soupe de fromage blanc
2 avocats bien mûrs
le jus de ½ citron
4 rondelles de citron pour la déco
sel, poivre

1. Mixez le saumon fumé avec le fromage blanc. Poivrez légèrement.
2. Coupez les avocats en deux, prélevez la chair et écrasez-la à la fourchette. Arrosez-la aussitôt de jus de citron ; salez, poivrez.
3. Répartissez la mousse de saumon dans 4 verrines. Recouvrez de crème d'avocat.
4. Décorez d'1 rondelle de citron.

Verrines poivron, thon et maïs

Pour 4 personnes
Préparation : 10 min
Sans cuisson

1 petit poivron rouge
1 boîte de thon (200 g)
1 boîte de maïs (200 g)
sel, poivre

1. Coupez le poivron en deux, enlevez les pépins et les membranes blanches. Taillez-le en morceaux et mixez finement. Salez, poivrez.
2. Égouttez le thon. Émiettez-le et poivrez légèrement.
3. Répartissez le velouté de poivron dans 4 verrines.
4. Recouvrez de thon, puis ajoutez les grains de maïs.

Verrines navets, confit de canard et amandes

Pour 4 personnes
Préparation : 15 min
Cuisson : 10 min

1 cuisse de canard confit
350 g de navets
1 cube de bouillon de volaille
50 g d'amandes

1. Préchauffez le four à 180 °C (th. 6). Déposez la cuisse de canard dans un plat et passez au four 10 minutes, pour faire fondre la graisse.
2. Pelez les navets et faites-les cuire 20 minutes dans une casserole d'eau bouillante avec le bouillon de volaille. Mixez-les finement en ajoutant un peu d'eau de cuisson pour obtenir une consistance veloutée.
3. Hachez les amandes grossièrement.
4. Essuyez la cuisse de canard sur un papier absorbant. Enlevez la peau et émiettez la chair.
5. Répartissez le velouté de navets dans 4 verrines. Ajoutez le confit de canard et parsemez d'amandes hachées.

Verrines fèves, parmesan et bacon

Pour 4 personnes
Préparation : 20 min
Cuisson : 10 min

350 g de fèves pelées et décortiquées (fraîches ou surgelées)
1 cuillerée à soupe d'huile d'olive
4 tranches de bacon
80 g de parmesan rapé
sel, poivre

1. Faites cuire les fèves 10 minutes dans une casserole d'eau bouillante. Passez-les sous l'eau froide et égouttez-les. Mixez-les finement avec l'huile d'olive en ajoutant un peu d'eau de cuisson pour obtenir une consistance veloutée. Salez, poivrez.
2. Émincez le bacon en fines lanières.
3. Répartissez le velouté de fèves dans 4 verrines.
4. Saupoudrez de parmesan et ajoutez les lamelles de bacon.

Verrines risotto, tomate et courgette

Pour 4 personnes
Préparation : 20 min
Cuisson : 25 min

1 échalote
20 g de beurre
150 g de riz arborio spécial risotto
5 cl de vin blanc
50 cl de bouillon de volaille
1 dosette de safran
30 g de parmesan râpé
1 petite courgette
1 cuillerée à soupe d'huile d'olive
½ boîte de tomates pelées et concassées
sel, poivre

1. Pelez et émincez finement l'échalote. Faites-la fondre dans une sauteuse avec le beurre à feu doux. Ajoutez le riz et mélangez, jusqu'à ce qu'il devienne translucide. Versez le vin et attendez qu'il soit complètement évaporé avant d'ajouter le bouillon (chaque louche devra être absorbée totalement avant d'incorporer la suivante). Laissez cuire 20 minutes environ. Quelques minutes avant la fin de la cuisson, ajoutez le safran et le parmesan.
2. Lavez la courgette et coupez-la en petits cubes. Dans une poêle, faites-les revenir à l'huile d'olive pendant 5 minutes. Salez, poivrez. Mixez finement afin d'obtenir une consistance veloutée.
3. Égouttez les tomates. Répartissez le risotto dans 4 verrines.
4. Ajoutez une couche de tomates, puis recouvrez de velouté de courgettes.

Verrines lentilles, lardons et chantilly au curcuma

Pour 4 personnes
Préparation : 20 min
Cuisson : 25 min

1 cube de bouillon
1 oignon
1 carotte
100 g de lentilles
100 g de lardons
20 cl de crème liquide entière très froide
1 cuillerée à café de curcuma
sel, poivre

1. Portez une casserole d'eau à ébullition avec le cube de bouillon. Pelez l'oignon et coupez-le en quatre. Épluchez la carotte et taillez-la en rondelles. Faites cuire les lentilles dans le bouillon avec l'oignon et la carotte pendant 20 minutes.
2. Égouttez les lentilles et mixez-les en ajoutant un peu de bouillon de cuisson pour obtenir une consistance veloutée.
3. Faites griller les lardons dans une poêle sans ajout de matière grasse.
4. Battez la crème liquide en chantilly. Salez, poivrez, ajoutez le curcuma et mélangez bien à l'aide d'un fouet.
5. Répartissez le velouté de lentilles dans 4 verrines. Ajoutez les lardons, puis recouvrez d'1 belle cuillerée de chantilly au curcuma.

Verrines poires, roquefort et noix

Pour 4 personnes
Préparation : 15 min
Sans cuisson

3 poires bien mûres
70 g de cerneaux de noix
150 g de roquefort
2 cuillerées à soupe de crème liquide

1. Pelez les poires et coupez-les en dés.
2. Hachez grossièrement les noix.
3. Écrasez le roquefort avec une fourchette et mélangez-le avec la crème.
4. Répartissez les dés de poires dans 4 verrines. Ajoutez les noix et recouvrez d'une couche de fromage.

Verrines crabe-avocat

Pour 8 verrines
Préparation : 15 min
Pas de cuisson

1 bel avocat
(ou 2 petits)
le jus d'½ citron
240 g de miettes
de crabe
½ bouquet
de coriandre
200 g de fromage
blanc
sel, poivre

1. Pelez l'avocat et coupez-le en petits cubes. Arrosez-les de jus de citron. Salez, poivrez.
2. Égouttez les miettes de crabe.
3. Hachez la coriandre (réservez 4 feuilles pour la décoration) et mélangez-la au fromage blanc ; salez, poivrez.
4. Dans les verrines, répartissez successivement les petits cubes d'avocat, les miettes de crabe et le fromage blanc. Décorez d'1 feuille de coriandre.

Variante : utilisez du surimi râpé à la place du crabe.

Verrines surimi, tomate et betterave

Pour 6 verrines
Préparation : 15 min
Sans cuisson
Repos : 30 min

120 g de betterave cuite
1 belle tomate (150 g)
1 cuillerée à soupe de ciboulette ciselée
2 cuillerées à café de jus de citron
70 g de surimi râpé
sel, poivre

1. Mixez finement la betterave afin d'obtenir un velouté. Salez, poivrez.
2. Lavez la tomate. Coupez-la en deux, ôtez les graines, puis détaillez-la en tout petits dés.
3. Ajoutez la ciboulette et le jus de citron aux dés de tomate. Salez, poivrez et mélangez.
4. Dans chaque petite verrine, répartissez une couche de betterave, de surimi, puis de tomate. Réservez 30 minutes au frais.

Variante : vous pouvez remplacer la betterave par du concombre.

Verrines courgette, chèvre frais et radis

Pour 2 personnes
Préparation : 10 min
Cuisson : 10 min

1 petite courgette
1 cuillerée à soupe d'huile d'olive
6 feuilles de menthe
100 g de fromage de chèvre frais
½ botte de radis
sel, poivre

1. Coupez la courgette en rondelles sans l'éplucher et faites-la cuire 10 minutes dans une sauteuse huilée, à feu moyen. Salez, poivrez et mixez avec les feuilles de menthe.
2. Mélangez le chèvre frais avec 2 cuillerées à soupe d'eau.
3. Mixez grossièrement les radis avec 1 pincée de sel.
4. Dans 2 verrines, répartissez une couche de courgette, de fromage de chèvre et de radis. Servez frais.

Chaussons à la viande

Pour 12 chaussons
Préparation : 15 min
Cuisson : 15 min

200 g de bœuf haché
½ oignon haché
1 cuillerée à soupe de menthe ciselée
1 cuillerée à café de cumin
1 œuf + 1 jaune pour la dorure
1 pâte feuilletée
1 cuillerée à soupe de graines de lin
sel, poivre

1. Préchauffez le four à 180 °C (th. 6). Dans un saladier, mélangez la viande avec l'oignon, la menthe, le cumin et l'œuf. Salez, poivrez.
2. À l'aide d'un emporte-pièce ou d'un verre, découpez 12 cercles d'environ 8 cm de diamètre dans la pâte feuilletée.
3. Garnissez-les de viande et pliez-les en deux afin de former des petits chaussons. Soudez bien les bords.
4. À l'aide d'un pinceau, badigeonnez les chaussons de jaune d'œuf délayé avec un peu d'eau. Parsemez de graines de lin et faites cuire au four 15 minutes.

Croissants au saumon

Pour 30 croissants
Préparation : 10 min
Cuisson : 15 min

2 pâtes feuilletées
300 g de saumon fumé

1. Préchauffez le four à 200 °C (th. 6-7). Détaillez chaque pâte feuilletée en 15 triangles.
2. Placez 1 petit morceau de saumon sur chaque triangle (sur les deux tiers de la longueur).
3. Roulez chaque triangle, en commençant par le côté le plus large, pour former un petit croissant.
4. Déposez les croissants sur la plaque du four recouverte de papier sulfurisé. Enfournez et faites cuire 15 minutes environ.

Variante : réalisez des croissants au jambon, aux olives, au fromage…

Feuilletés chèvre-abricots

Pour une dizaine de bouchées
Préparation : 15 min
Cuisson : 10 à 15 min

3 abricots
1 pâte feuilletée
50 g de fromage de chèvre
sel, poivre

1. Préchauffez le four à 200 °C (th. 6-7).
2. Coupez les abricots en dés.
3. À l'aide d'un emporte-pièce, détaillez des cercles de 10 cm de diamètre dans la pâte feuilletée. Au centre de chaque cercle, déposez 1 cuillerée de fromage de chèvre et quelques dés d'abricot. Salez, poivrez.
4. Rabattez les bords de façon à former un triangle ouvert au centre. Déposez-les sur la plaque du four recouverte de papier sulfurisé.
5. Faites cuire 10 à 15 minutes.

Palmiers aux olives et tomates séchées

Pour 20 à 25 palmiers
Préparation : 15 min
Cuisson : 10 à 15 min

100 g d'olives vertes dénoyautées
50 g de tomates séchées
4 feuilles de basilic
1 pâte feuilletée

1. Préchauffez le four à 200 °C (th. 6-7). Rincez les olives à l'eau froide. Mixez-les finement avec les tomates séchées et le basilic.
2. Déroulez la pâte feuilletée. Découpez les bords pour former un rectangle d'environ 20 x 25 cm.
3. Étalez uniformément la préparation aux olives sur la pâte. Roulez les deux côtés du rectangle (pris dans sa longueur). Appuyez légèrement pour souder les bords.
4. Découpez le rouleau de pâte en fines tranches et disposez-les sur la plaque du four recouverte de papier sulfurisé. Enfournez et laissez dorer les palmiers 10 à 15 minutes.

Torsades feuilletées

Pour une vingtaine
de torsades
Préparation : 15 min
Cuisson : 5 à 10 min

1 pâte feuilletée
½ cuillerée à café
de cumin en poudre,
de curry, de paprika,
de graines de cumin,
de graines de pavot,
de graines de sésame

1. Préchauffez le four à 200 °C (th. 6-7). Déroulez la pâte feuilletée. Découpez les bords pour former un rectangle d'environ 20 x 25 cm. Partagez-le en trois bandes. À l'aide d'un pinceau, badigeonnez-les d'un peu d'eau.
2. Répartissez le cumin en grains et en poudre sur la première bande, le curry et les graines de pavot sur la deuxième, le paprika et les graines de sésame sur la dernière.
3. Découpez de fines bandelettes et entortillez-les.
4. Déposez les torsades sur la plaque du four recouverte de papier sulfurisé. Enfournez et faites cuire 5 à 10 minutes en surveillant bien la cuisson.

Variante : utilisez d'autres épices ou remplacez-les par des herbes aromatiques.

Crackers à la tomate

Pour 30 à 35 biscuits
Préparation : 10 min
Cuisson : 10 à 15 min
Repos de la pâte : 30 min

70 g de beurre
150 g de farine
+ un peu pour le plan de travail
100 g de fromage râpé
50 g de sauce tomate
1 jaune d'œuf

1. Dans un saladier, émiettez le beurre et la farine du bout des doigts.
2. Incorporez le fromage et la sauce tomate. Mélangez bien et formez une boule. Couvrez-la d'un film alimentaire. Laissez reposer 30 minutes au réfrigérateur.
3. Préchauffez le four à 180 °C (th. 6). Étalez la pâte sur un plan de travail fariné. Découpez des petits cœurs ou des cercles à l'aide d'un emporte-pièce. Déposez-les sur une plaque recouverte de papier sulfurisé.
4. À l'aide d'un pinceau, badigeonnez les crackers de jaune d'œuf délayé avec un peu d'eau, puis faites cuire au four 10 à 15 minutes.

Sablés au parmesan

Pour une trentaine
de sablés
Préparation : 20 min
Cuisson : 15 à 20 min

180 g de farine
+ un peu pour le plan
de travail
50 g de parmesan
râpé
100 g de beurre
1 œuf + 1 jaune pour
la dorure
1 cuillerée à soupe
de vin blanc
1 cuillerée à soupe
de graines de
moutarde

1. Dans un saladier, mélangez la farine avec le parmesan et le beurre coupé en petits morceaux. Émiettez le mélange du bout des doigts afin d'obtenir une consistance sableuse.
2. Ajoutez l'œuf, le vin blanc et malaxez bien. Formez une boule de pâte.
3. Préchauffez le four à 180 °C (th. 6). Étalez la pâte sur un plan de travail fariné et découpez des petits sablés à l'aide d'un emporte-pièce.
4. Déposez les sablés sur la plaque du four recouverte de papier sulfurisé. Badigeonnez-les de jaune d'œuf délayé avec 1 cuillerée à soupe d'eau, puis saupoudrez de graines de moutarde. Enfournez et faites cuire 15 à 20 minutes, jusqu'à ce que les sablés soient dorés.

Sablés aux carottes

Pour 16 sablés
Préparation : 15 min
Cuisson : 15 à 20 min

200 g de farine
½ sachet de levure chimique
1 œuf
10 cl de lait
80 g de fromage râpé
½ cuillerée à café de cumin
100 g de carottes râpées
sel, poivre

1. Préchauffez le four à 180 °C (th. 6). Dans un saladier, mélangez la farine avec la levure.

2. Formez un puits au centre et déposez l'œuf et le lait. Remuez énergiquement avec un fouet, jusqu'à ce que la préparation soit homogène.

3. Incorporez le fromage râpé, le cumin et les carottes. Salez, poivrez. Mélangez.

4. Avec une cuillère à soupe, formez des petits tas de pâte sur la plaque à pâtisserie recouverte de papier sulfurisé. Faites cuire au four 15 à 20 minutes.

Bouchées aux oignons et lardons

Pour environ 24 bouchées
Préparation : 10 min
Cuisson : 15 à 20 min

2 gros oignons
200 g de lardons
4 gros œufs
25 cl de lait
1 cuillerée à café de moutarde
poivre

1. Préchauffez le four à 180 °C (th. 6).
2. Pelez et émincez finement les oignons.
3. Dans une sauteuse, faites fondre les lardons à sec, sur feu moyen. Ajoutez l'oignon et laissez réduire.
4. Dans un saladier, battez les œufs avec le lait. Ajoutez la moutarde, les lardons et le poivre.
5. Répartissez la préparation dans des moules à mini-muffins placés sur une plaque à pâtisserie. Enfournez et faites cuire 15 à 20 minutes.

Bouchées aux crevettes et au crabe

Pour une vingtaine de bouchées
Préparation : 5 min
Cuisson : 25 à 30 min

80 g de crevettes décortiquées
120 g de miettes de crabe
5 œufs
8 cl de crème fraîche liquide
100 g de fromage râpé
5 cuillerées à soupe de sauce tomate

1. Préchauffez le four à 180 °C (th. 6).
2. Réunissez l'ensemble des ingrédients dans le bol du mixeur et mixez jusqu'à l'obtention d'une consistance homogène.
3. Répartissez la préparation dans des moules à mini-muffins.
4. Faites cuire 25 à 30 minutes, jusqu'à ce que les bouchées soient bien dorées. Servez chaud ou froid.

Mon conseil : j'utilise des moules en silicone pour un démoulage express.

Gougères au cerfeuil

Pour une vingtaine
de gougères
Préparation : 20 min
Cuisson : 15 à 20 min

50 g de beurre
1 pincée de sel
100 g de farine
3 ou 4 œufs (selon le calibre)
50 g de gruyère râpé
2 cuillerées à soupe de cerfeuil ciselé

1. Préchauffez le four à 200 °C (th. 6-7). Dans une casserole, mélangez le beurre et le sel avec 10 cl d'eau. Portez à ébullition. Lorsque le beurre est complètement fondu, retirez du feu.
2. Incorporez la farine d'un seul coup en remuant énergiquement avec une spatule en bois. Portez à nouveau la casserole sur feu vif en continuant de remuer, jusqu'à ce que la pâte se détache des parois de la casserole.
3. Hors du feu, ajoutez les œufs l'un après l'autre. Mélangez à l'aide d'un fouet : la pâte a bonne consistance lorsqu'elle adhère franchement sur le bout du doigt. Incorporez le fromage et le cerfeuil.
4. À l'aide d'une poche à douille ou de deux petites cuillères, formez des petits choux sur la plaque du four recouverte de papier sulfurisé. Enfournez et faites cuire 15 à 20 minutes afin qu'ils soient bien dorés.

Variante : remplacez le cerfeuil par du basilic ou de la coriandre.

Mini-muffins de bœuf au fenouil

Pour 12 mini-muffins
Préparation : 20 min
Cuisson : 20 min

1 tranche de pain de mie
350 g de bœuf haché
2 cuillerées à soupe de graines de fenouil
1 œuf
½ cuillerée à café de cumin
½ cuillerée à café de paprika
1 pincée de piment de Cayenne
sel, poivre

1. Préchauffez le four à 180 °C (th. 6). Ôtez la croûte du pain de mie. Passez-le sous un filet d'eau froide, essorez-le et émiettez-le.
2. Dans un saladier, mélangez l'ensemble des ingrédients en réservant 1 cuillerée à soupe de graines de fenouil pour la décoration.
3. Répartissez la préparation dans des moules à mini-muffins. Parsemez de graines de fenouil.
4. Faites cuire au four pendant 20 minutes. Servez chaud ou froid.

Mon conseil : j'utilise des moules en silicone pour un démoulage express.

Muffins au comté

Pour 6 muffins
Préparation : 15 min
Cuisson : 20 à 25 min

130 g de farine
1 cuillerée à soupe de levure chimique
1 pincée de sel
1 œuf
8 cl de lait
2 cuillerées à soupe d'huile
100 g de comté
½ cuillerée à café de thym
½ cuillerée à café d'origan

1. Préchauffez le four à 180 °C (th. 6). Dans un saladier, tamisez la farine, la levure et le sel. Dans un autre récipient, mélangez l'œuf avec le lait et l'huile.
2. Mélangez les deux préparations juste pour que l'ensemble soit bien homogène.
3. Incorporez le comté coupé en petits cubes et les herbes. Mélangez de nouveau sans trop travailler la pâte.
4. Répartissez la préparation dans des moules à muffins. Enfournez et faites cuire 20 à 25 minutes. Laissez-les refroidir sur une grille.

Mon conseil : j'utilise des moules en silicone pour un démoulage express.

Muffins au saumon fumé

Pour 6 muffins
Préparation : 15 min
Cuisson : 25 min

180 g de farine
½ cuillerée à soupe de levure chimique
2 œufs
15 cl de lait
30 g de fromage râpé
2 cuillerées à soupe de sauce nuoc-mam
100 g de saumon fumé

1. Préchauffez le four à 180 °C (th. 6). Dans un saladier, tamisez la farine et la levure.
2. Battez les œufs dans un grand bol et ajoutez le lait. Versez ce mélange sur la farine et remuez avec une spatule.
3. Ajoutez le fromage, la sauce nuoc-mam et le saumon fumé coupé en petits dés.
4. Répartissez la préparation dans des moules à muffins. Enfournez et faites cuire 25 minutes environ.

Mon conseil : j'utilise des moules en silicone pour un démoulage express.

Bouchées de veau aux courgettes

Pour 8 personnes
Préparation : 15 min
Cuisson : 6 à 8 min

1 oignon
2 petites courgettes
350 g de viande de veau hachée
50 g de chapelure
½ bouquet de coriandre
sel

1. Hachez l'oignon très finement.
2. Faites-le revenir dans une sauteuse pendant 5 minutes à feu moyen.
3. Épluchez les courgettes. Râpez-en une, coupez l'autre en fines lanières.
4. Mélangez la viande hachée, l'oignon, la courgette râpée, la chapelure, la coriandre hachée et le sel.
5. Façonnez des petites boulettes et faites-les cuire dans une poêle 6 à 8 minutes à feu moyen en les retournant régulièrement.
6. Formez les bouchées en piquant sur des cure-dents une lanière de courgette, puis une boulette. Servez avec une sauce au fromage blanc et aux herbes.

Mon conseil : servez ces bouchées sur une tranche de pain pita.

Bouchées rouget fumé-tomates séchées

Pour 14 bouchées
Préparation : 10 min
Cuisson : 20 min

40 g de farine
25 cl de lait d'avoine ou de riz (en épicerie bio)
3 œufs
50 g de gruyère râpé
120 g de rouget fumé
5 tomates séchées
1 pincée de muscade
sel, poivre

1. Préchauffez le four à 180 °C (th. 6).
2. Dans un saladier, versez la farine. Incorporez peu à peu le lait puis les œufs.
3. Ajoutez le gruyère, le rouget et les tomates séchées coupées en petits morceaux. Saupoudrez de muscade. Salez, poivrez. Mélangez.
4. Répartissez la préparation dans des moules à mini-muffins. Enfournez et faites cuire 20 minutes environ.

Mon conseil : le rouget fumé s'achète en magasin bio, au rayon frais. Vous pouvez le remplacer par du saumon ou de la truite fumée.

Gougères

Pour 15 à 20 gougères
Préparation : 20 min
Cuisson : 25 min

50 g de gruyère râpé
1 pincée de sel
100 g de farine
3 œufs moyens
50 g de beurre mou

1. Préchauffez le four à 180 °C (th. 6).
2. Préparez la pâte à choux comme expliqué p. 108, sans le cerfeuil.
3. À l'aide d'une poche à douille (ou de deux petites cuillères), formez les petits choux sur une plaque à pâtisserie recouverte de papier sulfurisé, en les espaçant.
4. Enfournez et faites cuire 25 minutes environ, jusqu'à ce qu'ils soient dorés.

Petits cakes à la terrine de sanglier

Pour 12 petits cakes
Préparation : 15 min
Cuisson : 20 min

3 œufs
150 g de farine
1 sachet de levure chimique
10 cl de lait
5 cl d'huile neutre
180 g de terrine de sanglier
30 g de pistaches décortiquées
30 g de pignons de pin
100 g de gruyère râpé

1. Préchauffez le four à 180 °C (th. 6).
2. Dans un saladier, battez les œufs en omelette avec un fouet.
3. Incorporez la farine et la levure, puis ajoutez le lait et l'huile. Mélangez.
4. Coupez la terrine en dés. Incorporez-les dans la pâte. Ajoutez les pistaches, les pignons et le fromage râpé. Mélangez.
5. Répartissez la préparation dans des moules à briochettes placés sur une plaque à pâtisserie. Enfournez et faites cuire 20 minutes environ.

Mon conseil : vous pouvez remplacer la terrine de sanglier par du pâté de campagne.

Recette de Vanessa® :
http://www.vanessacuisine.fr

Abricots secs farcis au roquefort

Pour 12 abricots
Préparation : 5 min
Sans cuisson

12 abricots secs
75 g de roquefort
5 cl de crème liquide
5 cerneaux de noix concassés

1. Faites une petite fente dans chaque abricot.
2. Dans une assiette creuse, écrasez le roquefort à l'aide d'une fourchette. Incorporez la crème. Ajoutez les cerneaux de noix et mélangez bien.
3. Garnissez chaque abricot d'1 cuillerée de farce aux noix.

Variante : entourez l'abricot d'une lanière de lard ou de jambon cru. Vous pouvez remplacer les abricots par des pruneaux.

Bouchées de courgette au surimi et crevettes

Pour 8 personnes
Préparation : 20 min
Sans cuisson

2 courgettes moyennes
100 g de surimi
2 cuillerées à soupe de fromage blanc ou de mayonnaise
sel, poivre

Pour la déco
quelques crevettes cuites décortiquées
quelques feuilles de coriandre

1. Pelez les courgettes en laissant une bande sur deux. Coupez-les en rondelles d'environ 1 cm d'épaisseur. Creusez-les légèrement à l'aide d'une cuillère parisienne.
2. Dans un saladier, mélangez le surimi avec le fromage blanc. Salez, poivrez. Répartissez la préparation dans les rondelles de courgettes.
3. Décorez le dessus de petites crevettes et de feuilles de coriandre. Servez frais.

Bouchées de polenta à l'avocat

Pour 4 personnes
Préparation : 30 min
Cuisson : 10 min

100 g de polenta
50 g de comté râpé
1 avocat
½ citron vert
quelques brins
de cerfeuil
graines germées
sel, poivre
huile pour la poêle

1. Dans une casserole, faites cuire la polenta avec 30 cl d'eau bouillante. Incorporez le comté râpé.
2. Versez la polenta dans un moule à cake en silicone ou un plat rectangulaire. Laissez refroidir.
3. Dans un saladier, écrasez l'avocat. Ajoutez le jus de citron et le cerfeuil. Salez, poivrez. Réservez.
4. Coupez la polenta en rectangles ou en losanges. Dans une poêle huilée très chaude, faites-les dorer 2 minutes de chaque côté.
5. Tartinez la polenta de purée d'avocat. Parsemez de graines germées.

Boulettes de poulet au sésame

Pour 20 à 25 bouchées
Préparation : 20 min
Cuisson : 15 min

1 tranche de pain de mie
350 g de blancs de poulet
1 cuillerée à soupe de cerfeuil ciselé
½ cuillerée à café de cardamome moulue
1 pincée de piment de Cayenne
1 cuillerée à soupe de graines de sésame + 2 cuillerées pour la déco

1. Préchauffez le four à 180 °C (th. 6). Ôtez la croûte du pain de mie. Passez-le sous 1 filet d'eau froide, essorez-le et émiettez-le.
2. Déposez l'ensemble des ingrédients dans le bol du mixeur et mixez afin d'obtenir une préparation homogène.
3. Formez des petites boules de la taille d'une grosse noisette. Roulez-les dans les graines de sésame.
4. Posez les boulettes sur la plaque du four recouverte de papier sulfurisé. Enfournez et faites cuire 15 minutes environ. Servez chaud ou froid.

Roulés au jambon

Pour 8 roulés
Préparation : 15 min
Sans cuisson

4 tranches de pain de mie
beurre ou Boursin®
2 tranches de jambon blanc
8 brins de ciboulette

1. Enlevez la croûte du pain de mie. Posez chaque tranche sur un plan de travail, recouvrez-la de film alimentaire et aplatissez-la à l'aide d'un rouleau à pâtisserie.
2. Ôtez le film alimentaire et tartinez le pain de beurre ou de Boursin®. Déposez ½ tranche de jambon.
3. Roulez la tranche de pain sur elle-même.
4. Liez le roulé avec 1 brin de ciboulette à chaque extrémité (à environ 2 cm du bord) et coupez-le en deux.

Petits choux au saumon fumé

Pour 15 à 20 petits choux
Préparation : 35 min
Cuisson : 25 min

50 g de beurre mou
1 pincée de sel
100 g de farine
3 œufs moyens

Pour la garniture
250 g de ricotta
200 g de saumon fumé
8 brins de ciboulette
sel, poivre

1. Préchauffez le four à 180 °C (th. 6).
2. Préparez la pâte à choux comme expliqué p. 108, sans le fromage et le cerfeuil.
3. À l'aide d'une poche à douille (ou de deux petites cuillères), formez les petits choux sur une plaque à pâtisserie recouverte de papier sulfurisé, en les espaçant. Enfournez et faites cuire 25 minutes environ, jusqu'à ce qu'ils soient dorés.
4. Préparez la garniture : dans un saladier, mélangez la ricotta avec le saumon coupé en petits dés. Ajoutez la ciboulette ciselée. Salez, poivrez.
5. Ouvrez les petits choux et remplissez-les de garniture au saumon.

Petits choux à l'avocat

Pour 15 à 20 petits choux
Préparation : 35 min
Cuisson : 25 min

50 g de beurre mou
1 pincée de sel
100 g de farine
3 œufs moyens

Pour le guacamole
4 avocats
5 cl de jus de citron
1 petit oignon
quelques gouttes de Tabasco®
quelques baies roses
sel, poivre

1. Préchauffez le four à 180 °C (th. 6).
2. Préparez la pâte à choux comme expliqué p. 108, sans le fromage et le cerfeuil.
3. À l'aide d'une poche à douille (ou de deux petites cuillères), formez les petits choux sur une plaque à pâtisserie recouverte de papier sulfurisé, en les espaçant. Enfournez et faites cuire 25 minutes environ, jusqu'à ce qu'ils soient dorés.
4. Préparez le guacamole : épluchez et dénoyautez les avocats. Mixez la chair avec le reste des ingrédients.
5. Ouvrez les petits choux et garnissez-les de guacamole.

Petits choux petits pois et jambon cru

Pour 15 à 20 petits choux
Préparation : 35 min
Cuisson : 40 min

50 g de beurre mou
1 pincée de sel
100 g de farine
3 œufs moyens

Pour la garniture
500 g de petits pois écossés (frais ou surgelés)
1 cube de bouillon de volaille
4 tranches de jambon cru
sel, poivre

1. Préchauffez le four à 180 °C (th. 6).
2. Préparez la pâte à choux comme expliqué p. 108, sans le fromage et le cerfeuil.
3. À l'aide d'une poche à douille (ou de deux petites cuillères), formez les petits choux sur une plaque à pâtisserie recouverte de papier sulfurisé, en les espaçant. Enfournez et faites cuire 25 minutes environ, jusqu'à ce qu'ils soient dorés.
4. Préparez la garniture : faites cuire les petits pois 15 minutes dans une casserole d'eau bouillante avec le cube de bouillon. Égouttez-les, puis mixez-les finement pour obtenir une purée en ajoutant un peu de bouillon de cuisson selon la consistance désirée. Coupez les tranches de jambon en fines lanières.
5. Ouvrez les petits choux et remplissez-les de purée de petits pois. Décorez de lanières de jambon cru.

Petits choux à la carotte

Pour 15 à 20 petits choux
Préparation : 35 min
Cuisson : 25 min

50 g de beurre mou
1 pincée de sel
100 g de farine
3 œufs moyens

Pour la garniture
250 g de ricotta
300 g de carottes râpées
2 cuillerées à soupe de crème fraîche
1 cuillerée à café de cumin
sel, poivre

1. Préchauffez le four à 180 °C (th. 6).
2. Préparez la pâte à choux comme expliqué p. 108, sans le fromage et le cerfeuil.
3. À l'aide d'une poche à douille (ou de deux petites cuillères), formez les petits choux sur une plaque à pâtisserie recouverte de papier sulfurisé, en les espaçant. Enfournez et faites cuire 25 minutes environ, jusqu'à ce qu'ils soient dorés.
4. Préparez la garniture : dans un saladier, mélangez la ricotta avec les carottes râpées, la crème et le cumin. Salez, poivrez.
5. Ouvrez les petits choux et remplissez-les de garniture à la carotte.

Petits choux tomate-feta

Pour 15 à 20 petits choux
Préparation : 35 min
Cuisson : 25 min

50 g de beurre mou
1 pincée de sel
100 g de farine
3 œufs moyens

Pour la garniture
200 g de feta
10 cl de crème fraîche liquide
3 tomates
10 feuilles de basilic

1. Préchauffez le four à 180 °C (th. 6).
2. Préparez la pâte à choux comme expliqué p. 108, sans le fromage et le cerfeuil.
3. À l'aide d'une poche à douille (ou de deux petites cuillères), formez les petits choux sur une plaque à pâtisserie recouverte de papier sulfurisé, en les espaçant. Enfournez et faites cuire 25 minutes environ, jusqu'à ce qu'ils soient dorés.
4. Préparez la garniture : dans un saladier, écrasez à la fourchette la feta avec la crème fraîche. Incorporez les tomates coupées en tout petits dés et le basilic ciselé.
5. Ouvrez les petits choux et remplissez-les de garniture à la tomate.

Tartines roquefort-poire

Pour 4 personnes
Préparation : 5 min
Sans cuisson

2 poires
4 belles tranches de pain de campagne
150 g de roquefort
poivre du moulin

1. Pelez les poires et coupez-les en fines lamelles.
2. Tartinez le pain de roquefort. Répartissez les lamelles de poire.
3. Donnez 1 tour de moulin à poivre et servez.

Variante : essayez le mélange maroilles-pomme. Déposez des petits morceaux de maroilles sur les tranches de pain. Passez les tartines quelques minutes sous le gril du four, puis parsemez-les de dés de pomme.

Blinis au pesto et jambon cru

Pour 12 blinis
Préparation : 15 min
Cuisson : 1 min

1 bouquet de basilic
35 g de pignons de pin
2 cuillerées à soupe de crème fraîche liquide
1 cuillerée à soupe de parmesan râpé
2 ou 3 tranches de jambon cru
12 blinis

1. Mixez finement les feuilles de basilic avec les pignons, la crème et le parmesan.
2. Découpez le jambon cru en lamelles.
3. Réchauffez les blinis 1 minute au micro-ondes.
4. Tartinez les blinis de pesto au basilic. Déposez 1 lanière de jambon cru. Servez aussitôt.

Mon conseil : vous pouvez tartiner les blinis de tapenade, tarama, guacamole…

Bruschetta aux œufs brouillés

Pour une dizaine de tartines
Préparation : 5 min
Cuisson : 5 min

1 baguette au pavot
2 œufs
1 cuillerée à soupe d'huile
2 cuillerées à soupe de sauce tomate
sel, poivre

1. Coupez la baguette en tranches. Faites-les griller. Dans un bol, battez les œufs en omelette avec une fourchette.
2. Chauffez l'huile dans une casserole antiadhésive. Faites cuire les œufs sur feu doux, pendant 3 à 5 minutes, sans cesser de remuer à l'aide d'un fouet, jusqu'à ce qu'ils prennent une consistance épaisse et crémeuse.
3. Ajoutez la sauce tomate. Salez, poivrez.
4. Répartissez les œufs brouillés sur les tartines de pain et servez aussitôt.

Mon conseil : pour le top du top, faites cuire les œufs brouillés au bain-marie.

Pain d'épices au bleu

Pour 4 personnes
Préparation : 10 min
Sans cuisson

100 g de fromage bleu (roquefort, bleu d'Auvergne...)
2 cuillerées à soupe de crème liquide
12 tranches de pain d'épices

1. Écrasez le fromage à l'aide d'une fourchette, ajoutez la crème et mélangez bien.
2. Tartinez les tranches de pain d'épices avec cette préparation.
3. Coupez les tranches en deux ou en quatre selon leur taille.

Mon conseil : parsemez les tartines de noix ou noisettes concassées.

Rillettes de lapin aux oignons

Pour 4 personnes
Préparation : 30 min
Cuisson : 1 h 10

2 cuisses de lapin (500 g)
2 cuillerées à soupe d'huile d'olive
2 oignons moyens
50 cl de bouillon de volaille
1 feuille de laurier
2 cuillerées à soupe de crème fraîche liquide
1 cuillerée à soupe de baies roses
pain (de campagne ou baguette)
sel, poivre

1. Dans une cocotte, faites dorer les cuisses de lapin avec l'huile bien chaude. Pelez et émincez les oignons. Ajoutez-les dans la cocotte et laissez cuire 5 minutes.
2. Mouillez avec le bouillon, ajoutez la feuille de laurier, couvrez et laissez mijoter 1 heure à feu doux.
3. Ôtez les cuisses de lapin et laissez réduire le jus des oignons. Détachez la chair du lapin et émiettez-la dans un saladier. Ajoutez les oignons et la crème fraîche. Salez, poivrez. Mélangez le tout.
4. Tartinez de rillettes les tranches de pain grillées - ou non - et parsemez de baies roses.

Mon conseil : présentez les rillettes en terrine ; chacun se servira à sa guise.

Tartines de pesto aux figues

Pour 12 tartines
Préparation : 10 min
Cuisson : 1 min

12 tranches
de baguette
12 cuillerées à soupe
de pesto
6 figues
sel, poivre

1. Faites griller les tranches de pain au four ou au grille-pain.
2. Tartinez chaque tranche d'1 cuillerée à soupe de pesto. Salez, poivrez.
3. Lavez et coupez les figues en quartiers. Disposez-les sur les tranches de pain. Servez sans attendre.

Variante : vous pouvez frotter les tartines avec une gousse d'ail et varier les garnitures à l'infini.

Pâte à blinis classique

Pour 20 blinis
Préparation : 10 min
Cuisson : 15 min
Repos : 1 h

½ sachet de levure sèche
14 cl de lait tiède
75 g de farine de blé
1 œuf
1 pincée de sel
huile neutre pour la poêle

1. Dans un saladier, délayez la levure avec le lait tiède. Ajoutez la farine et mélangez. Laissez reposer ce levain sous un linge humide dans un endroit tiède, à l'abri des courants d'air, pendant 1 heure.
2. Séparez le blanc d'œuf du jaune et montez-le en neige avec la pincée de sel. Incorporez délicatement à la pâte le jaune et le blanc en neige.
3. Dans une grande poêle huilée bien chaude, versez 4 petites louches de pâte et faites cuire 2 minutes environ. Quand la surface des blinis est sèche et que des petites bulles se forment, retournez les blinis et laissez cuire encore 1 minute.

Blinis à la purée de fèves et feta

Pour 20 blinis
Préparation : 5 min
Cuisson : 8 min

150 g de fèves pelées surgelées
2 cuillerées à soupe de crème fraîche liquide
½ cuillerée à café de paprika + un peu pour la déco
1 pincée de piment de Cayenne
50 g de feta
20 blinis
huile d'olive
sel, poivre

1. Faites cuire les fèves 8 minutes dans une casserole d'eau bouillante salée.
2. Mixez-les avec la crème et les épices. Salez, poivrez. Coupez la feta en petits cubes.
3. Tartinez les blinis chauds de purée de fèves et répartissez la feta. Saupoudrez de paprika et versez 1 filet d'huile d'olive.

Variante : les blinis sont également délicieux avec une purée de carottes pimentée à la moutarde.

Blinis à la farine de pois chiche et saumon

Pour 40 blinis
Préparation : 20 min
Cuisson : 30 min
Repos : 1 h

15 g de levure de boulanger fraîche ou 1 sachet de levure sèche
25 cl de lait tiède
75 g de farine de blé
2 œufs
75 g de farine de pois chiche
1 pincée de sel
huile neutre pour la poêle

Pour accompagner
crème fraîche
saumon fumé
tapenade d'olives noires

1. Dans un saladier, délayez la levure avec le lait tiède. Ajoutez la farine de blé. Laissez reposer ce levain sous un linge humide dans un endroit tiède, à l'abri des courants d'air, pendant 1 heure.
2. Séparez les blancs d'œufs des jaunes et montez-les en neige. Ajoutez à la pâte les jaunes, la farine de pois chiche et la pincée de sel. Incorporez délicatement les blancs en neige.
3. Faites cuire les blinis 1 minute de chaque côté dans une petite poêle légèrement huilée.
4. Pour servir, déposez sur chaque blinis 1 cuillerée à café de crème fraîche, un petit triangle de saumon fumé et 1 cuillerée à café de tapenade.

Guacamole

Pour 4 personnes
Préparation : 15 min
Sans cuisson

2 avocats bien mûrs
1 oignon
¼ de cuillerée à café de piment de Cayenne
le jus de ½ citron
1 cuillerée à soupe de coriandre
1 tomate
sel, poivre

1. Coupez les avocats en deux et enlevez les noyaux. Prélevez la chair et écrasez-la à la fourchette. Pelez et hachez finement l'oignon ; incorporez-le à l'avocat.
2. Ajoutez le piment, le jus de citron et la coriandre. Salez, poivrez.
3. Lavez et épépinez la tomate. Coupez-la en tout petits dés.
4. Servez le guacamole sur des rondelles de pain grillé ; parsemez de dés de tomates.

Mon conseil : choisissez des avocats encore fermes et laissez-les mûrir quelques jours (novembre à février).

Tartinades de légumes

Pour 4 à 6 personnes
Préparation : 10 min
Sans cuisson

Pour la tartinade
à la betterave
200 g de betterave cuite
½ oignon haché
100 g de tofu soyeux
tranches de pain ou blinis
1 cuillerée à café
de graines de pavot
sel, poivre

Pour la tartinade
à l'avocat
1 avocat
50 g de tofu soyeux
le jus de ½ citron vert
tranches de pain ou blinis
sel, poivre

La tartinade à la betterave :

1. Épluchez et coupez la betterave en cubes. Pelez et émincez l'oignon.
2. Mixez finement la betterave et l'oignon avec le tofu. Salez, poivrez.
3. Tartinez les tranches de pain ou les blinis avec cette préparation et parsemez de graines de pavot. Servez à l'apéritif.

La tartinade à l'avocat :

1. Coupez l'avocat en deux et prélevez la chair.
2. Mixez finement l'avocat avec le tofu et le jus de citron. Salez, poivrez.
3. Tartinez les tranches de pain ou les blinis avec cette préparation. Servez à l'apéritif.

Tartines de poivron à la crème d'anchois

Pour 6 tartines
Préparation : 15 min
Cuisson : 15 min

1 poivron rouge
100 g de filets d'anchois marinés
3 cl d'huile d'olive
6 tranches de pain complet grillées
6 brins de ciboulette

1. Placez le poivron sous le gril du four préchauffé à 200 °C (th. 6-7) durant 15 minutes en le retournant.
2. Enveloppez le poivron de papier d'aluminium et laissez-le refroidir entièrement. Pelez-le et détaillez-le en 6 morceaux.
3. Mixez les filets d'anchois avec l'huile d'olive jusqu'à l'obtention d'une crème homogène.
4. Tartinez les tranches de pain de crème d'anchois, puis déposez sur chacune 1 morceau de poivron et 1 brin de ciboulette.

Dip au curry

Pour 4 à 6 personnes
Préparation : 5 min
Sans cuisson

80 g de chèvre frais
2 cuillerées à soupe de crème fraîche liquide
1 cuillerée à soupe de curry
sel, poivre

1. Dans un bol, mélangez le fromage de chèvre avec 2 cuillerées à soupe d'eau.
2. Ajoutez la crème et le curry. Salez, poivrez et mélangez bien.
3. Servez ce dip avec des bâtonnets de légumes ou des biscuits apéritif.

Dip roquefort-brocoli

Pour 4 à 6 personnes
Préparation : 5 min
Cuisson : 15 min

200 g de brocolis
100 g de roquefort
sel, poivre

1. Lavez les brocolis et détaillez-les en petits bouquets. Faites-les cuire dans une casserole d'eau bouillante salée, pendant 15 minutes environ, jusqu'à ce qu'ils soient bien tendres.
2. Égouttez-les et mixez-les finement avec le roquefort en ajoutant un peu d'eau pour détendre la préparation.
Salez, poivrez.
3. Servez ce dip avec des bâtonnets de légumes ou des biscuits apéritif.

Dip de tomates séchées

Pour 4 à 6 personnes
Préparation : 5 min
Sans cuisson

100 g de tomates séchées à l'huile
½ yaourt nature
sel, poivre

1. Égouttez les pétales de tomates. Mixez-les finement avec le yaourt.
2. Salez, poivrez. Incorporez 2 à 3 cuillerées à soupe d'eau et mixez à nouveau la préparation pour qu'elle soit bien homogène.
3. Servez ce dip avec des bâtonnets de légumes ou des biscuits apéritif.

Dip à la moutarde

Pour 4 à 6 personnes
Préparation : 5 min
Sans cuisson

1 petit-suisse
1 cuillerée à café de moutarde
2 cuillerées à soupe de ketchup
2 cuillerées à café de sauce soja

1. Dans un bol, battez le petit-suisse avec une fourchette.
2. Ajoutez la moutarde, le ketchup et la sauce soja. Mélangez bien.
3. Servez ce dip avec des bâtonnets de légumes ou des biscuits apéritif.

Dip pignons, miel et yaourt

Pour 4 à 6 personnes
Préparation : 5 min
Sans cuisson

70 g de pignons de pin
1 yaourt nature
1 cuillerée à soupe de miel
sel, poivre

1. Dans une poêle antiadhésive préalablement chauffée, faites griller à sec les pignons de pin.
2. Mixez-les finement avec le yaourt et le miel. Salez, poivrez et mélangez bien.
3. Servez ce dip avec des bâtonnets de légumes ou des biscuits apéritif.

Dip petits pois-paprika

Pour 4 à 6 personnes
Préparation : 5 min
Cuisson : 15 min

200 g de petits pois écossés
50 g de pousses d'épinards
½ cuillerée à café de paprika
crème fraîche liquide (facultatif)
sel, poivre

1. Dans une grande casserole d'eau bouillante salée, faites cuire les petits pois pendant 15 minutes.
2. Égouttez-les en conservant 5 cl d'eau de cuisson.
3. Mixez finement les petits pois avec les pousses d'épinards, le paprika et l'eau de cuisson réservée. Ajoutez un peu d'eau ou de crème fraîche si la consistance est trop épaisse. Salez, poivrez.
4. Servez ce dip avec des bâtonnets de légumes ou des biscuits apéritif.

Dip St Môret®-coriandre

Pour 4 à 6 personnes
Préparation : 5 min
Sans cuisson

100 g de fromage St Môret®
1 cuillerée à soupe de crème fraîche liquide
½ cuillerée à café de cumin
1 cuillerée à soupe de coriandre fraîche ciselée
sel, poivre

1. Dans un bol, mélangez le St Môret® avec 2 cuillerées à soupe d'eau.
2. Ajoutez la crème, le cumin et la coriandre. Salez, poivrez et mélangez bien.
3. Servez ce dip avec des bâtonnets de légumes ou des biscuits apéritif.

Dip thon, cornichons et moutarde

Pour 4 à 6 personnes
Préparation : 5 min
Sans cuisson

1 boîte de thon (140 g poids net égoutté)
3 cornichons
1 cuillerée à café de moutarde
3 cuillerées à soupe de fromage blanc
1 cuillerée à soupe de jus de citron
poivre

1. Égouttez le thon. Coupez les cornichons en fines rondelles.
2. Placez les ingrédients dans le bol du mixeur. Mixez le tout grossièrement.
3. Servez ce dip avec des bâtonnets de légumes ou des biscuits apéritif.

Dip poivrons rouges-feta

Pour 4 à 6 personnes
Préparation : 10 min
Cuisson : 15 min

3 poivrons rouges
75 g de feta
sel, poivre

1. Placez les poivrons sur la plaque du four et passez-les sous le gril pendant 15 minutes environ, jusqu'à ce que la peau noircisse, en les retournant souvent.
2. À la sortie du four, enfermez-les dans un sac de congélation ou dans une cocotte avec couvercle et laissez-les tiédir.
3. Pelez les poivrons et mixez finement la chair avec la feta. Salez, poivrez.
4. Servez ce dip avec des bâtonnets de légumes ou des biscuits apéritif.

Dip chèvre-olives

Pour 4 à 6 personnes
Préparation : 5 min
Sans cuisson

80 g d'olives vertes dénoyautées
6 cornichons
2 cuillerées à soupe de chèvre frais
sel, poivre

1. Mixez finement les olives vertes et les cornichons.

2. Ajoutez le fromage de chèvre et 2 cuillerées à soupe d'eau. Mixez à nouveau pour que la préparation soit bien homogène (ajoutez un peu d'eau si nécessaire). Salez, poivrez.

3. Servez ce dip avec des bâtonnets de légumes ou des biscuits apéritif.

ÉQUIVALENCES

MESURES LIQUIDES

SYSTÈME MÉTRIQUE	SYSTÈME AMÉRICAIN	AUTRE NOM
5 ml	1 cuillère à thé (cuillère à café française)	
15 ml	1 cuillère à table (cuillère à soupe française)	
35 ml	1/8 cup (tasse française)	1 oz (ou once)
65 ml	1/4 cup ou 1/4 grand verre	2 oz
125 ml	1/2 cup ou 1/2 grand verre	4 oz
250 ml	1 cup ou 1 grand verre	8 oz
500 ml	2 cups ou 1 pinte	
1 litre	4 cups ou 2 pintes	

MESURES SOLIDES

SYSTÈME MÉTRIQUE	SYSTÈME AMÉRICAIN	AUTRE NOM
30 g	1 oz	
55 g	1/8 lbs	2 oz
115 g	1/4 lbs	4 oz
170 g	3/8 lbs	6 oz
225 g	1/2 lbs	8 oz
454 g	1 livre	16 oz

CHALEUR DU FOUR

CHALEUR	° CELSIUS	THERMOSTAT	° FAHRENHEIT
Très doux	70 °C	Th. 2-3	150 °F
Doux	100 °C	Th. 3-4	200 °F
	120 °C	Th. 4	250 °F
Moyen	150 °C	Th. 5	300 °F
	180 °C	Th. 6	350 °F
Chaud	200 °C	Th. 6-7	400 °F
	230 °C	Th. 7-8	450 °F
Très chaud	260 °C	Th. 8-9	500 °F

© 2011 Mango
Tous droits de traduction, de reproduction et d'adaptation strictement réservés pour tous pays.

Mango une marque de Fleurus Éditions
www.fleuruseditions.com

www.odelices.com

© Textes et photos : Marie-Laure Tombini
© Photo couverture et p. 117 : Alack / StockFood / StudioX

Édition : Barbara Sabatier et Adèle Vay - **Direction artistique :** Laurent Quellet
Maquette : Julie Mathieu et Chantal Tuaud - **Fabrication :** Thierry Dubus et Sabine Marioni

N° d'édition : M11153 - **ISBN** : 9782317000287 - **Code MDS** : 73814
Photogravure : Amalthéa
Achevé d'imprimer en septembre 2011 par Toppan Leefung – Chine
Dépôt légal : avril 2011
Édition N°2

CUISINE
CHIC
PRIX D'EXCELLENCE
DE LA CUISINE
MANGO

PETITES
DOUCEURS
PRIX D'EXCELLENCE
DE LA CUISINE
MANGO

CUISINE
LÉGÈRE
PRIX D'EXCELLENCE
DE LA CUISINE
MANGO

TARTES ET
CAKES
PRIX D'EXCELLENCE
DE LA CUISINE
MANGO

CRUMBLES ET
GRATINS
PRIX D'EXCELLENCE
DE LA CUISINE
MANGO

CUISINE
BISTROT
PRIX D'EXCELLENCE
DE LA CUISINE
MANGO

FEUILLETEZ
TOUTE LA
COLLECTION
SUR
www.fleuruseditions.com